INSTRUCTION

POUR L'APPLICATION

Nouvelle Méthode de Calcul

BASÉE SUR LA DÉCOMPOSITION DES CHIFFRES

PAR

M. A. COUSSAN

Industriel

BORDEAUX
TYP. JUSTIN DUPUY et Comp., rue Guiraude, 39

1861

INSTRUCTION

POUR L'APPLICATION

de la

NOUVELLE MÉTHODE DE CALCUL

Basée sur la décomposition des chiffres.

INSTRUCTION

POUR L'APPLICATION

DE LA

Nouvelle Méthode de Calcul

BASÉE SUR LA DÉCOMPOSITION DES CHIFFRES,

PAR

Mme Ve COUSSAN
Institutrice.

BORDEAUX

Typ. Ve JUSTIN DUPUY et Comp., rue Gouvion, 20.

1861

INSTRUCTION

POUR L'APPLICATION

de la

NOUVELLE MÉTHODE DE CALCUL

BASÉE SUR LA DÉCOMPOSITION DES CHIFFRES.

C'est dans une étude prolongée des goûts, des habitudes et des facultés intellectuelles de l'enfance, que j'ai trouvé le moyen d'enseigner à mes jeunes élèves, sans fatigue et pour ainsi dire en jouant, les règles et les opérations élémentaires du calcul. Ma méthode peut avec le même avantage être appliquée à des personnes d'un âge même avancé et qui n'ont pas reçu les bienfaits d'une éducation raisonnée. Dans un espace de temps très restreint, en suivant la marche que j'indique, les élèves font des progrès tels que des sujets doués même d'une intelligence très bornée peuvent faire couramment des opérations qui, par les méthodes ordinaires, nécessiteraient plusieurs années d'études. Une expérience de vingt ans me permet d'affirmer que toute personne peut facilement réussir, et en très peu de temps, à faire régulièrement les quatre opérations fondamentales de l'Arithmétique.

Le point capital consiste en ce que les élèves se fassent une idée nette, claire et précise de la valeur des chiffres et des combinaisons auxquelles ils sont soumis.

Il faut s'adresser à leur raison et leur bien faire comprendre le *pourquoi* de chaque chose.

Afin de faciliter la pratique de ma méthode, j'ai fait imprimer un tableau synoptique et divers cahiers d'opérations progressives. Je vais fournir les explications nécessaires pour l'usage de ce tableau et de ces cahiers.

L'enseignement d'après ma méthode est *simultané*, c'est-à-dire commun à plusieurs élèves. Chacun d'eux peut tour à tour remplir les fonctions de *moniteur*. Le maître n'a qu'à surveiller la marche des leçons. S'il s'agissait d'un enseignement individuel, toute personne ayant les connaissances les plus vulgaires pourrait, en faisant le rôle de moniteur, guider et diriger son élève; il ne faut que de la persévérance pour obtenir un succès prompt et complet.

Ma méthode fixe l'attention des élèves, leur évite les ennuis d'une étude aride et au-dessus des facultés des enfants lorsqu'on s'adresse exclusivement à leur esprit comme on le fait dans les méthodes ordinaires.

CHAPITRE Ier

Usage du tableau synoptique.

Ce tableau comprend cinq parties distinctes qui doivent être étudiées l'une après l'autre, en ayant soin toutefois de revenir aux exercices précédents au fur et à mesure qu'on avance, de manière à ce que l'élève ne perde jamais de vue ce qu'il a déjà appris.

§ Ier — DES CHIFFRES.

La première partie du tableau comprend sur la 1re ligne les dix premiers chiffres entourés d'un nombre de points équivalent à leur valeur.

On doit faire remarquer à l'élève la forme du chiffre et sa valeur représentée par des points. Ainsi 1, 2, 3, 4, ne seront pas à ses yeux des caractères représentant des valeurs abstraites, mais *un*, *un* plus *un*, *un* plus *un* plus *un*, etc.

Le moniteur, après avoir promené successivement une baguette sur les chiffres de la première ligne et en avoir fait remarquer la forme et la valeur, les fait nommer par l'élève ; puis il indique les divers chiffres en commençant par la fin et le commencement de la ligne, en alternant, etc., etc., de manière à ce que l'élève sache parfaitement, en voyant le caractère, dire son nom et faire connaître la valeur qu'il exprime en comptant les points.

L'exercice sur la 2ᵉ ligne a pour objet de faire connaître la valeur d'un chiffre, abstraction faite des points ; il offre la progression naturelle des nombres, chacun augmenté d'une unité ou d'un point.

Cette première partie du tableau se prête enfin à d'autres exercices.

Lorsque les élèves comprennent bien ce que vaut un chiffre *augmenté* de l'unité, on leur fait dire ce que vaut un chiffre *diminué* de l'unité. En comptant les points, ils se rendent parfaitement compte de ces valeurs et des caractères qui les représentent.

On peut encore leur faire remarquer, en comptant les points, que 2 est deux fois plus que 1, 4 deux fois plus que 2, 6 deux fois plus que 3, 8 deux fois plus que 4, et réciproquement ; que 4 est la moitié de 8, 3 la moitié de 6, 1 la moitié de 2, etc., etc.

Tous ces exercices qui frappent les sens des élèves à l'aide des points dont les chiffres sont entourés, les initient aux opérations qu'ils auront à faire plus tard.

§ II. — 2ᵉ PARTIE.

Cette partie du tableau offre la suite des nombres de 10 à 109.

Le moniteur place d'abord la baguette sur le point qui suit 10, et l'élève dit : 10 plus 1, 11, ainsi de suite, jusqu'à 19, en continuant ; 19 plus 1, 20. On lui fait remarquer qu'en 10 il y a une dizaine, en 20 deux dizaines, et ainsi de suite.

Les chiffres en gros caractères lui indiquent que 10 vaut une dizaine, 20 deux dizaines, 30 trois dizaines, etc.

On lui fait remarquer que le chiffre exprimant les dizaines occupe toujours le second rang à gauche ; que lorsqu'il y a des unités, le chiffre qui les exprime occupe le premier rang à droite ; que lorsqu'il n'y a pas d'unités, leur place est occupée par le caractère 0, qu'on appelle zéro. Enfin, que dix dizaines s'appellent cent ; que l'on dit un cent, deux cents, etc.; que le chiffre exprimant les centaines est placé à la gauche de celui exprimant les dizaines; que lorsqu'il n'y a pas de dizaines, on les remplace par un 0, de même que pour les unités, etc.

Les exercices sur cette partie du tableau tendent à faire connaître aux élèves la valeur *relative* des chiffres, c'est-à-dire celle que leur donne la place qu'ils occupent, comme ils connaissent déjà leur valeur *absolue*, c'est-à-dire celle qui résulte de leur forme.

Quand un élève nomme un nombre, il doit pouvoir dire, dès qu'on l'interpelle, combien il contient d'unités, de dizaines ou de centaines. Lorsqu'il arrive aux nombres ronds de dizaines, 10, 20, 30, il doit, en les nommant, dire de lui-même sans interpellation : en vingt, il y a deux dizaines ; en cent, il y a dix dizaines.

Lorsque l'élève sait reconnaître et nommer les nombres dans leur ordre naturel, le moniteur les lui fait nommer en promenant la baguette sur toute cette partie du tableau.

§ III. — 3ᵉ PARTIE.

Ce petit tableau, précédé d'une ligne de chiffres ponctués, qui a uniquement pour objet de placer constamment sous les yeux la valeur des chiffres en permettant d'y recourir avec facilité, est destiné aux élèves dont il va être parlé, comprenant la multiplication et la division par un chiffre.

D'abord, l'élève compte sur la première colonne à gauche en même temps que le moniteur indique les points correspondants : un plus un, deux ; plus un, trois, etc., jusqu'à 10. Il continue : en dix, il y a une dizaine, je retiens *un*. Il passe à la deuxième colonne : un plus un, deux ; plus deux, quatre, etc., jusqu'à 20. En vingt, il y a deux dizaines, je retiens deux ; puis il passe à la troisième colonne : deux plus un, trois ; plus trois, six, etc., etc.

Bien que l'expression *je retiens un* à la fin de la première colonne, et ainsi de suite, ne soit pas prise dans le sens où elle le sera plus tard, il n'y a aucun inconvénient à l'employer, elle habitue, au contraire, l'élève à s'expliquer sur le nombre de dizaines que contient un chiffre et à se rappeler que lorsqu'on continue une opération on retient ce nombre de dizaines pour le reporter plus loin, où les dizaines sont comptées comme si elles étaient des unités.

Après avoir opéré comme il vient d'être dit, l'élève passe à l'exercice des chiffres rouges. Ces chiffres sont placés sur une colonne verticale au milieu du tableau.

Le moniteur place la baguette à gauche du chiffre 2 rouge, et adresse à l'élève les questions suivantes : 1° 2 fois 2 ? — (à gauche) l'élève cherche le grand chiffre 2 sur la ligne horizontale, et lit le produit 4 écrit au-dessous en caractères plus petits. — 2° 2 fois 10 ? — (à droite) au-dessous du grand chiffre 10 l'élève trouve le produit 20 en caractères plus petits. — 3° 2 fois 3 ? (à gauche) 6. — 4° 2 fois 9 ? 18 ; et ainsi de suite pour tous les chiffres rouges.

Le moniteur varie ensuite ses questions : 2 fois 3 ? = 6 ; 3 fois 2 ? = 6, etc. Le moniteur indique toujours avec la baguette le multiplicateur, et l'élève cherche le multiplicande sur la ligne horizontale correspondante, jusqu'à ce qu'il ait retenu de mémoire le produit ; ce qui arrive assez promptement.

L'élève doit se rendre parfaitement compte du mécanisme de cette opération. Dire 2 fois 9, c'est prendre 9 autant de fois qu'il y a de points en 2, ou dire 9 plus 9, soit 18. — Dire 4 fois 4, c'est répéter 4 autant de fois qu'il y a de points dans 4, c'est-à-dire 4 plus 4 plus 4 plus 4, soit 16. Ce sont des exercices qu'on a faits sur les colonnes verticales.

Il importe de laisser l'élève chercher la réponse aux questions qu'on lui adresse et de ne les lui indiquer que lorsqu'il se trouve dans l'impossibilité de la trouver lui-même.

Récréations. — Afin de varier les exercices et de piquer la curiosité des élèves, on leur fait résoudre quelques petits problèmes, tels que ceux-ci :

Une cravate coûte 2 fr. ; combien coûteront 2 cravates ?

L'élève dit : Si une cravate coûte 2 fr., 2 cravates coûteront 2 fois plus, soit 2 multiplié par 2 ; elles coûteront 4 francs.

On peut ainsi proposer et faire résoudre à l'aide du tableau les onze premiers problèmes de multiplication posés dans le cahier n° 2, page 28.

Lorsque l'élève est bien exercé à la multiplication, ainsi qu'il vient d'être dit, on l'exerce à la division à l'aide du même tableau.

Le moniteur, après avoir posé la baguette par exemple sur le chiffre rouge 4, dit : en 24 combien de fois 4 ? L'élève cherche horizontalement sur la même ligne le petit nombre 24 et trouve au-dessus, à droite, le grand chiffre 6 qui indique la réponse. Cet exercice se répète sur tous les chiffres rouges jusqu'à ce que l'élève réponde promptement aux questions qui lui sont adressées.

RÉCRÉATIONS. — Après avoir exercé l'élève sur les chiffres abstraits, on lui propose et fait résoudre quelques problèmes, par exemple celui-ci :

4 robes coûtent 16 francs; à combien

revient la robe?

Puisque 4 robes coûtent 16 fr., une coûtera 4 fois moins, ou 16 : 4 = 4 fr.

Lorsque l'élève est familiarisé avec ces exercices, on passe à la 4ᵉ partie du tableau, qui contient les opérations d'arithmétique en la forme ordinaire.

§ IV. — 4ᵉ PARTIE.

Cette partie du tableau contient une addition, une soustraction, une multiplication et une division, précédées d'une ligne de chiffres ponctués.

Quelques exercices ont lieu sur cette première ligne avant d'attaquer les opérations ; voici en quoi ils consistent :

Le moniteur demande quels sont les

deux chiffres qui donnent cinq points ? 2 et 3, répond l'élève en comptant les points qui entourent ces caractères, ou 1 et 4, etc.

Si de 3 je retranche 2, combien reste-t-il ? — 1, répond l'élève en comptant les points qui entourent les chiffres nommés, etc.

ADDITION.

Le moniteur indique les chiffres à additionner : 4 plus 3. L'élève ajoute au nombre 4 les points du 3 et trouve la réponse 7. Lorsqu'il arrive à 6 plus 5, il répond 11 ; et comme il y a deux chiffres, il dit : en 11, il y a une dizaine et une unité ; je pose l'unité et retiens une dizaine. Et il continue : *une de retenue* plus 4, égale 5, etc.

SOUSTRACTION.

Otez 4 de 7 ? Après avoir compté les points, l'élève répond 3, et dit : je pose 3, ainsi de suite.

MULTIPLICATION.

L'élève, conformément à ce qu'il a déjà appris : 2 fois 3 = 6, je pose 6 ; 2 fois 6 = 12 ; en 12, il y a une dizaine et deux unités, je pose 2 et retiens un. 2 fois 7 = 14, et un de retenue 15. En 15, il y a une dizaine et 5 unités ; je pose 5 et je retiens un, etc., etc.

DIVISION.

L'élève dit : en 9 combien de fois 2 ? Il voit par les points qui entourent le chiffre 9, comptés par deux, qu'il y est contenu 4 fois, il pose 4 ; il continue : 2 fois 4, 8, je pose 8 ; ce chiffre est posé au-dessous du 9. Je passe une raie : 8 retranché de 9, reste 1 ; je pose 1. Je descends le chiffre suivant ; en 17 combien de fois 2 ? L'élève cherche sur la ligne du chiffre rouge 2 le petit nombre qui se rapproche le plus de 17 ; c'est 16, le chiffre 8 placé au-dessus donne la réponse ; je pose 8 ; 2 fois 8, 16, je pose 16 ; je passe une raie : 6 ôté de 7 reste 1 ; 1 ôté de 1 il ne reste rien. Je descends le chiffre suivant, et ainsi de suite.

Contrairement à ce qui se pratique d'habitude, je fais marcher de front les quatre opérations d'arithmétique ; j'ai remarqué que les élèves en comprennent mieux le mécanisme et se fatiguent moins.

Les difficultés ne naissent qu'une à une et ils les résolvent sans préoccupation. En suivant toujours la même formule, cette formule se grave dans l'esprit, et cela devient d'un grand secours, parce que l'opération se faisant pour ainsi dire mécaniquement, toute l'attention de l'élève se porte sur les difficultés au fur et à mesure qu'elles se présentent.

§ V. — 5ᵉ PARTIE.

Numération.

L'élève est déjà familiarisé avec la pratique des chiffres. Ce ne sont pas pour lui des choses inconnues ; il possède même les principes qui servent de base au système décimal.

Il suffit de lui faire observer que lorsqu'un nombre est composé d'une longue suite de chiffres, et qu'on veut le lire, il suffit de le diviser par tranches de trois chiffres, à partir de la droite.

Que les trois premiers chiffres forment la tranche des *unités* ;

Les trois chiffres suivants la tranche des *mille* ;

Les trois chiffres suivants la tranche des *millions* ;

Les trois chiffres suivants la tranche des *billions*, etc.

Que dans chaque tranche le premier chiffre à droite exprime des unités, le second des dizaines, le troisième des centaines.

Que chaque tranche se nombre en partant de la gauche, comme si elle était seule, en lui donnant le nom qui lui convient.

On fait remarquer que les chiffres expriment des valeurs de dix en dix fois plus grandes, quand on avance de droite à gauche, et de dix en dix fois plus petites quand on avance de gauche à droite.

Que l'élève sait déjà que la dizaine est dix fois plus grande que l'unité, puisqu'il faut 10 points pour faire une dizaine ; — que la centaine est dix fois plus grande que la dizaine, puisqu'il faut 10 dizaines pour faire une centaine.

On ajoute que les unités de mille sont dix fois plus grandes que les centaines ; — les dizaines de mille dix fois plus grandes que les unités de mille, et ainsi de suite.

On fait remarquer que, par suite de

cette disposition, *une unité* prise sur un chiffre quelconque d'un nombre vaut *dix unités* de l'espèce de celles exprimées par le chiffre immédiatement à droite, et que cette unité serait dix fois plus petite, ou serait le dixième des unités exprimées par le chiffre immédiatement à gauche.

Lorsqu'un élève connaît et pratique tous les exercices qui viennent d'être indiqués, et qu'il peut faire facilement à l'aide du tableau, et surtout lorsque par l'expérience et l'habitude il s'est mis en état de répondre, même sans le regarder, aux questions qui ont été indiquées, il peut en attaquer sans crainte les petites difficultés qui lui restent encore à vaincre pour résoudre tous les problèmes qu'offrent les opérations fondamentales de l'arithmétique.

C'est à l'aide des cahiers de calcul qui complètent mon tableau, et où les difficultés se présentent successivement peu à peu, que l'élève peut se perfectionner et arriver à dire qu'il possède inébranlablement les éléments du calcul.

CHAPITRE II.

Usage des Cahiers de calcul.

Mes cahiers sont composés de deux parties reliées séparément ; dans l'une, destinée aux élèves, les opérations sont seulement posées ; dans l'autre, destinée au moniteur ou à celui qui en remplit les fonctions, les opérations sont posées et résolues. Le moniteur vérifie le travail des élèves et redresse leurs erreurs s'ils en commettent. Il faut avoir grand soin de ne pas donner tout de suite à l'élève la vraie solution et de le forcer à la trouver lui-même en le mettant sur la voie.

Les exercices à faire sur ces cahiers ont lieu d'une manière analogue à ce qui a été appliqué jusqu'à présent. Je ne dirai que quelques mots sur les observations qu'il conviendra au moniteur de faire durant le cours des exercices.

§ Ier — PREMIER CAHIER, OPÉRATIONS ÉLÉMENTAIRES.

L'élève prend en main le premier cahier et fait comme suit les opérations.

ADDITION.

2 et 1 trois et 2 cinq, je pose 5.
1 et 2 trois et 1 quatre, je pose 4.
2 et 1 trois et 2 cinq, je pose 5.
1 et 2 trois et 1 quatre, je pose 4.

L'élève n'écrit point sur les cahiers les chiffres qu'il dit poser, parce qu'à chaque exercice les cahiers seraient perdus, mais on lui fait poser réellement les chiffres dans l'exercice des tablettes et des devoirs écrits dont je parlerai plus tard.

SOUSTRACTION.

De 5 ôtez 3 reste 2, je pose 2.
De 6 ôtez 2 reste 4, je pose 4.
De 7 ôtez 4 reste 3, je pose 3.
De 9 ôtez 3 reste 6, je pose 6.

Dans ces opérations on fait voir à l'élève sur la ligne inférieure de la page, à l'aide des chiffres ponctués, le rapport qui existe entre les chiffres ; on ne le lui indique point, mais on le lui fait chercher.

Ainsi, quand il doit additionner 2 et 1, il compte le point du chiffre 1, plus les deux points du chiffre 2, ce qui fait trois points, qui indiquent le chiffre trois.

Quand il dit 3 ôtés de 5, il prend trois points sur ceux qui entourent le chiffre 5, et il reste deux points correspondant au chiffre 2, et ainsi de suite.

On fait remarquer à l'élève : 1° que dans l'addition et la soustraction on place les unités sous les unités, les dizaines sous les dizaines, les centaines sous les centaines, etc. ; 2° qu'en additionnant toutes les unités, toutes les dizaines, toutes les centaines qui composent ces nombres, on additionne ces nombres ; 3° qu'en retranchant des unités des dizaines, des centaines, etc., qui composent un nombre, toutes les unités, les dizaines, les centaines qui en composent un autre, on soustrait le second du premier.

MULTIPLICATION.

2 fois 3 = 6, je pose 6.
2 fois 2 = 4, je pose 4.
2 fois 3 = 6, je pose 6.
2 fois 2 = 4, je pose 4.

On fait remarquer à l'élève : 1° que le nombre à multiplier se place le premier, et le nombre par lequel on le multiplie se place au-dessous. — On appelle le premier *multiplicande* et le second *multiplicateur*. — Le résultat s'appelle *produit*.

2° Qu'en prenant le multiplicande entier autant de fois qu'il y a d'unités, de dizaines, de centaines, etc., dans le multiplicande, on multiplie le premier nombre par le second.

Dans ces premières opérations l'élève peut chercher les produits soit à l'aide des chiffres ponctués, soit à l'aide de ce qu'il a appris par le tableau déjà étudié.

Ainsi, dans l'exemple qui nous occupe, quand l'élève dit 2 fois 3, il voit 2 points au chiffre 2, il voit que 3 doit être pris 2 fois; il peut donc dire lui-même 3 points et 3 points font 6 points, ou 2 fois 3 font 6.

DIVISION.

On fait remarquer à l'élève : 1° que le nombre à diviser s'appelle *dividende* et celui par lequel on divise s'appelle *diviseur ;* on écrit le second à la droite du premier, en les séparant par un crochet ; le résultat s'appelle *quotient* et s'écrit au-dessous du diviseur ;

2° Qu'à la différence de l'addition, la soustraction et la multiplication, où l'opération commence par la droite ou par les unités, la division commence par la gauche ou par les chiffres dont la valeur *relative* est la plus forte ;

3° Qu'en divisant les centaines, les dizaines, les unités d'un nombre par un autre, on divise complètement le premier par le second. L'élève dit :

En 9, combien de fois 3 ? 3 fois ; je pose 3 (au quotient).

3 fois 3 ? 9 ; je pose 9 (au-dessous du premier chiffre du diviseur).

Je passe une raie.

De 9 ôtez 9, reste 0.

Je descends le chiffre suivant.

En 4, combien de fois 3 ? une fois ; je pose 1.

Une fois 3 ? 3 ; je pose 3 (au-dessous du 4).

Je passe une raie.

De 4 ôtez 3, reste 1 ; je pose 1.

Je descends le chiffre suivant.

En 15, combien de 3 ? 5 fois ; je pose 5

3 fois 5 ? 15 ; je pose 15.

Je passe une raie.

De 5 ôtez 5, reste 0.

De 1 ôtez 1, reste 0.

Ainsi, 3 est contenu 315 fois juste dans le nombre 945.

J'ai donné, une fois pour toutes, la marche des opérations. L'élève devra toujours procéder de la même manière pour les opérations suivantes.

Je ne ferai d'observations que lorsqu'il surgira quelque difficulté qui les nécessitera.

N° 2. — Les opérations n° 2 se font de la même manière que celles n° 1.

N° 3. — Dans l'addition, après avoir dit : 4 et 3, 7, et 4, 11, l'élève dit : En 11, il y a une dizaine et une unité ; je pose 1 sous les unités et retiens une dizaine.

1 de retenue et 3, 4, et 4, 8, et 3, 11 ; en 11, je pose 1 et je retiens 1.

1 de retenue et 4, 5, et 3, 8, et 4, 12 ; je pose 2 et je retiens 1.

1 de retenue et 3, 4, et 4, 8, et 3, 11 ; je pose 1 et j'avance 1.

On fait remarquer à l'élève que la retenue faite sur les unités a donné des dizaines qu'on a reportées à la colonne des dizaines ; la retenue faite sur les dizaines a donné des centaines portées à la colonne des centaines ; la retenue faite sur les centaines, des mille portés à la colonne des mille; et que lorsqu'il n'y a plus de chiffres à additionner, on ne fait plus de retenue, mais on *avance* ou écrit les dizaines qu'on aurait dû retenir si l'opération s'était continuée.

Dans la multiplication, après avoir dit : 3 fois 5, 15, l'élève dit : je pose 5 et je retiens un; 3 fois 4, 12, et un de retenue 13; je pose 3 et j'*avance* 1.

L'observation qui vient d'être faite pour l'addition, relativement aux retenues, s'applique à la multiplication.

N° 4. — Sur la division, on fait remarquer à l'élève que son opération ne se termine point par 0; cela prouve que 4 n'est pas contenu un nombre exact de fois dans 654. Le nombre le plus rapproché de 654 divisible par 4 est 652. Le chiffre résidu de l'opération s'appelle *reste*.

On verra plus tard ce qu'on peut faire de ce reste.

N°ˢ 5 et 6. — Sans nouvelle observation.

N° 7. — Dans la soustraction comprise sous ce numéro, l'élève sera arrêté aux dizaines.

Lorsqu'il se trouvera dans le cas de dire :

De 5 ôtez 9,

Il verra tout de suite que cela est impossible, puisque 5 est plus petit que 9. Alors on lui rappelle qu'en prenant une unité sur le chiffre à gauche de 5, cette unité en vaudra 10 de l'espèce à laquelle appartient le 5 ; empruntant cette unité qui vaut 10 et l'ajoutant au 5, il a le nombre 15, supérieur à 9, et il dira :

De 15 ôtez 9, reste 6 ; je pose 6

Il remarquera que le 7 auquel il a emprunté une unité ne vaut plus que 6 :

De 6 ôtez 8,

C'est encore impossible.

Il emprunte encore une unité au chiffre suivant et dit :

De 16 ôtez 8, reste 8.

Enfin, le 6 auquel on a emprunté une unité ne vaut plus que 5 ; il dit :

De 5 ôtez 4, reste 1 ; je pose 1.

Nos 8 et 9. — Sans nouvelle observation.

N° 10. — Jusqu'à présent, dans les divisions le premier chiffre du dividende s'étant trouvé supérieur à celui du diviseur, l'élève n'a eu qu'à se demander combien de fois ce premier chiffre contenait celui du diviseur.

Ici, le premier chiffre du dividende 2

étant plus faible que celui du diviseur 8, l'élève ne peut plus dire : en 2, combien de fois 8 ?

On lui fait remarquer que lorsque ce cas se présente, il doit prendre les deux premiers chiffres du dividende et dire :

En 23, combien de fois 8 ?

N° 11. — Dans la division comprise sous ce numéro, après avoir dit : En 27, combien de fois 9 ? 3 fois ; je pose 3 ; 3 fois 9 ? 27 ; je pose 27. Je passe une raie. 7 de 7, 0 ; 2 de 2, 0. Je descends le chiffre suivant 3, l'élève arrive à dire : en 3, combien de fois 9 ?

Il n'y est pas contenu. On lui fait alors observer que lorsque dans le cours d'une division le dividende partiel est trop faible pour contenir le diviseur, on pose un *zéro* au quotient et on descend le chiffre suivant. Alors l'élève se trouve avoir à dire : En 36, combien de fois 9 ? 4 fois ; et il pose 4 à côté du zéro.

N°s 12 et 13. — Sans observation nouvelle.

N° 14. — Dans la division comprise sous ce numéro, le diviseur a deux chiffres ; et dès-lors, comme dans toutes les divisions où le diviseur a plusieurs chiffres, l'élève doit, avant de commencer l'opération, prendre sur la gauche du dividende autant de chiffres qu'il en faut pour contenir au moins une fois le diviseur.

Ce préalable rempli, l'élève procède d'une manière analogue à ce qu'il a déjà fait en multipliant le diviseur entier par chaque chiffre du quotient.

Ainsi, dans l'opération dont il s'agit, il dit :

Après avoir indiqué qu'il sépare deux chiffres à la gauche du dividende.

En 3, combien de fois 2 ? Une fois ; je pose 1.

Une fois 3 ? 3 ; je pose 3.

Une fois 2 ? 2 ; je pose 2.

Je passe une raie.

De 7 ôtez 3, reste 4 ; je pose 4.

De 3 ôtez 2, reste 1 ; je pose 1.

Je descends le chiffre suivant.

En 14 combien de fois 2 ?

Ici une autre difficulté se présente. Si le diviseur était 2 seulement, on pourrait dire il y est contenu 7 fois ; mais le quotient est 23, et 23 multiplié par 7 donnerait un produit supérieur à 143, ce qui indique que le chiffre 7 serait trop fort ; alors on doit porter un chiffre plus faible et poser 6.

L'élève continue : 3 fois 6 ? 18 ; en 18, je pose 8 et je retiens 1. 2 fois 6 ? 12, et 1 de retenue 13 ; je pose 3 et j'avance 1. Je passe une raie, etc.

N°s 15, 16 et 17. — Sans nouvelle observation.

N° 18. — Les observations qui précèdent devront être faites aux élèves au fur et à mesure du développement de leur intelligence.

On peut d'abord les exercer à faire, pour ainsi dire, mécaniquement les opérations du cahier ; puis recommencer plusieurs fois et leur fournir, selon les circonstances, toutes les explications nécessaires.

Dès qu'un élève est en état de faire oralement toutes les opérations indiquées au premier cahier, il a déjà fait de bien grands progrès dans la connaissance de l'arithmétique.

§ II. — EXERCICES ÉCRITS.

Indépendamment des exercices qui se font verbalement à l'aide de mes cahiers, les élèves doivent travailler individuellement à l'aide soit de tablettes dont j'ai donné le modèle avec quelques indications sommaires dans mon premier cahier, soit d'ardoises, soit de cahiers de papier blanc.

On dicte aux élèves les opérations des cahiers ou bien des opérations analogues; ils suivent, pour la solution des opérations, la marche déjà indiquée, et le résultat de leur travail montre s'ils ont bien compris les explications qui leur ont été données

§ III. — Cahiers de deuxième classe.

Lorsque les élèves sont suffisamment familiarisés avec les exercices précédemment indiqués, ils passent à l'étude du cahier de deuxième classe.

Ces cahiers sont comme les premiers, imprimés et en deux exemplaires, un pour l'élève, l'autre pour le moniteur.

Ils embrassent la suite des opérations sur les nombres entiers, celles sur les décimales et des problèmes propres à former et développer d'une manière remarquable l'intelligence des élèves.

Je vais, comme je l'ai déjà fait, fournir quelques explications pour faciliter le progrès des élèves et simplifier le travail du maître.

Le cahier destiné aux moniteurs contient l'indication des moyens à prendre pour résoudre les difficultés ; je compléterai ces indications par quelques mots en suivant par numéro l'ordre des exercices.

N° 1. — La multiplication placée sous ce numéro est par deux chiffres.

Il faut faire remarquer à l'élève : 1° que la multiplication du nombre 8796 par le premier chiffre 5, c'est-à-dire par les unités du multiplicateur, doit donner au produit, pour chiffre, de l'ordre le plus faible des unités ; que ce premier produit est seulement *partiel* et l'opération n'est pas terminée ;

2° Que la multiplication du nombre 8796 par 7, deuxième chiffre du multiplicateur, c'est-à-dire par des *dizaines*, doit donner au produit, pour chiffre, de l'ordre le plus faible des dizaines ; qu'ainsi il faut placer le premier chiffre de ce deuxième produit partiel au-dessous des dizaines du premier produit, c'est-à-dire reculer le deuxième produit d'un rang vers la gauche ;

3° Que pour avoir le produit total après avoir placé les produits partiels ainsi qu'il vient d'être dit, il faut en faire l'*addition* pour avoir le produit complet.

N° 2. — Dans la soustraction placée sous ce numéro, on fera remarquer à l'élève qu'après avoir emprunté une unité sur le rang des centaines, lorsqu'ensuite il emprunte une unité sur le rang des *mille*, cette unité qui vaut 10 centaines n'en représentera plus que 9, puisqu'il a déjà emprunté une centaine pour rendre suffisant le nombre des dizaines.

Ainsi, il dit en faisant l'opération :

De 8 ôtez 5, reste 3 ; je pose 3.

De 0 ôtez 6, impossible ; j'emprunte une unité au rang des centaines, unité qui vaut 10 dizaines.

De 10 ôtez 6, reste 4 ; je pose 4.

De 0 ôtez 9, impossible ; j'emprunte une unité au rang des mille, unité qui vaut 10 centaines ; déduisant la centaine déjà empruntée, reste 9.

De 9 ôtez 9, reste 0 ; je pose 0.

De 8 ôtez 7, reste 1 ; je pose 1.

Nos 3, 4, 5, 6, 7 et 8. — Sans nouvelle observation.

Des Fractions décimales.

Jusqu'à présent les élèves ont opéré sur des valeurs dont la plus faible était l'unité.

On comprend cependant qu'il y a lieu quelquefois de s'occuper de valeurs inférieures à l'unité, c'est-à-dire de partir seulement de l'unité. Pour se faire une idée de ce qu'on appelle fraction, il faut supposer *l'unité divisée en un certain nombre de parties égales.* Une ou plusieurs parties de l'unité ainsi divisée, forment ce qu'on appelle une *fraction.*

Si l'on suppose l'unité divisée en dix parties égales, chacune de ces parties divisée elle-même en dix parties égales, chacune de ces dernières parties divisée elle-même en dix parties égales, on aura ce qu'on appelle les fractions décimales.

Il faut remarquer que, par suite de ce qui vient d'être dit, les décimales devenant de dix en dix fois plus petites, on peut les exprimer par des chiffres placés simplement à la droite des unités, car l'élève sait déjà que dans une série de chiffres leur valeur *relative* augmente en progression décuple, si l'on compte de droite à gauche, et devient réciproquement de dix en dix fois plus petite, si l'on avance de gauche à droite.

Il suffira donc, pour écrire des fractions décimales, d'écrire les chiffres qui les expriment à la droite des unités en indiquant par un signe conventionnel le point où s'arrêtent les unités. Ce signe conventionnel est habituellement une virgule.

Les fractions décimales sont désignées par des noms analogues à ceux déjà employés dans la numération.

En partant de l'unité, le premier chiffre à gauche représente des dizaines et celui à droite des *dixièmes* ; le second à gauche des centaines, le second à droite des *centièmes* ; le troisième à gauche des mille, le troisième à droite des *millièmes* ; le quatrième à gauche des dizaines de mille, le quatrième à droite des *dix-millièmes*, etc., etc.

Lorsqu'on doit nombrer des chiffres décimaux, on s'exprime comme s'il s'agissait de nombres entiers ; seulement, on donne au nombre la dénomination qui convient au chiffre décimal du dernier rang à droite.

Ainsi, 1,125 s'exprime une unité cent vingt-cinq millièmes.

Quand il n'y a pas d'unités, on met un zéro pour marquer le rang qu'elles doivent occuper.

0,12 se dit douze centièmes.

Les élèves s'exerceront à nombrer les

valeurs décimales exprimées page 11 du cahier.

Poids et Mesures décimaux.

Il est bon que les élèves connaissent les dénominations et la valeur des diverses unités des poids et mesures dont l'application se fait chaque jour.

Quelques mots suffiront à ce sujet.

1° MESURES DES LONGUEURS.

L'unité de mesure est le *mètre*.

Une mesure de	10 mètres s'appelle	déca-mètre.
—	de 100 — —	hecto-mètre.
—	de 1000 — —	kilo-mètre.
—	de 10000 — —	myria-mètre.

Fractions :

Le 10e du mètre....................	déci-mètre.
Le 100e —	centi-mètre.
Le 1000e —	milli-mètre

Et ainsi de suite.

2° MESURES DE CAPACITÉ.

L'unité est le *litre*.

La mesure de 10 litres s'appelle............ déca-litre.
— de 100 — — .... hecto-litre.
— de 1000 — — .... kilo-litre.

Fractions :

La 10ᵉ partie du litre........................ déci-litre.
La 100ᵉ — — .... centi-litre.

3° MESURES DES SURFACES.

L'unité s'appelle *are*.

100 ares... hectare.

Fractions :

La 10ᵉ partie de l'are........................... centiare.

4° MESURES DE SOLIDITÉ OU CUBIQUES.

L'unité de mesure s'appelle *stère*.

La mesure de 10 stères...................... décastère.

Fractions :

Le 10ᵉ du stère..................................... décistère.

5° MESURES DE POIDS.

L'unité s'appelle *gramme*.

Le poids de	10 grammes	déca-gramme.
—	de 100 —	hecto-gramme.
—	de 1000 —	kilo-gramme.
—	de 10000 —	myria-gramme.

Fractions :

Le 10e du gramme	déci-gramme.
Le 100e —	centi-gramme.
Le 1000e —	milli-gramme.

6° MONNAIES.

L'unité est le *franc*.

Fractions :

Le 10e du franc s'appelle	décime (ou 10 centimes).
Le 100e — —	centime.

D'après la règle posée ci-avant, et qui permet de nombrer un nombre décimal comme un nombre entier, en lui donnant la dénomination de la valeur la plus faible, au lieu de dire un décime et cinq centimes, on dit 15 centimes.

OPÉRATIONS SUR LES FRACTIONS DÉCIMALES ET LES NOMBRES FRACTIONNAIRES.

Ces opérations n'offrent aucune difficulté sérieuse pour les élèves qui savent opérer sur les nombres entiers. C'est toujours le même système; seulement, quand on écrit, il faut avoir soin de placer les unités en regard des unités, et aligner les chiffres par les *unités* et non par le dernier chiffre du nombre.

N° 1. — Il faut faire remarquer à l'élève que, dans la multiplication, il doit se trouver au produit autant de chiffres décimaux qu'il y en a, soit à l'un des facteurs, soit aux deux facteurs réunis, quand ils en ont l'un et l'autre.

Ici le multiplicande a deux chiffres décimaux, le facteur doit en avoir deux.

Sur la division, il faut leur faire remarquer également que lorsque le dividende seul a des chiffres décimaux, le quotient doit en avoir autant que lui.

N° 2. — Dans cet exemple, à la multiplication, le multiplicande et le multiplicateur ont des chiffres décimaux, le produit doit en avoir autant qu'il y en a dans l'un et l'autre facteurs.

N° 3. — Sans observation.

N° 4. — Dans cet exemple, à la multiplication, le multiplicateur a deux chiffres décimaux et le multiplicande deux, le produit doit en avoir quatre.

Si le diviseur avait des chiffres décimaux, et si le dividende n'en avait pas, ou si le nombre des chiffres décimaux était inégal, il faudrait compléter ce nombre par l'addition de zéros et supprimer la virgule.

A la division, le dividende et le diviseur ont un nombre égal de chiffres décimaux ; alors on supprime la virgule et l'on opère comme sur les nombres entiers.

DES RESTES DE DIVISION.

Nous avons souvent rencontré dans les exercices précédents des divisions qui laissaient un *reste*, même quelquefois assez considérable, c'est-à-dire un nombre qui ne contient pas au moins une fois le diviseur ; on les avait jusqu'ici négligés.

Les élèves doivent s'occuper maintenant de laisser à ces résidus la moindre valeur possible ; en opérant à l'aide des fractions décimales, on arrive facilement à ce résultat.

Lorsqu'une division offre un reste, on peut le multiplier par 10 en ajoutant un zéro ; alors il deviendra probablement supérieur au nombre diviseur, et l'opération pourra continuer. Mais comme en multipliant le *reste* par 10 on aurait au quotient un chiffre 10 fois trop fort, on lui restituera sa valeur en lui faisant exprimer des *dixièmes*, au lieu d'exprimer des unités, ce qui se fait en plaçant devant lui le signe des fractions décimales, ou la virgule.

Si la multiplication par 10 ne suffisait pas, on porterait un zéro au quotient et l'on ajouterait un autre zéro au reste, qui deviendrait cent fois plus grand qu'il ne l'était dans l'origine, et le chiffre du quotient placé, à cause du zéro précédemment mis au deuxième rang des chiffres décimaux, aura sa véritable valeur.

En continuant cette opération, on peut arriver à rendre le reste aussi petit, c'est-à-dire aussi insignifiant qu'on le désire, puisqu'on peut le réduire à n'exprimer que des *centièmes*, des *millièmes*, des *millionnièmes* de l'unité.

L'opération placée sous ce numéro laisse pour reste 30. Mais ce ne sont point 30 unités que nous négligeons, comme on le faisait précédemment, ce sont 30 centièmes de l'unité, et l'opération pourrait se continuer si le *reste* paraissait trop fort pour être négligé.

N° 5. — A la soustraction, on a écrit

67,50 au lieu de 67,5, ce qui revient au même, car 5 décimes ou 50 centimes sont la même chose. On peut ajouter à la droite d'un nombre décimal tous les zéros que l'on veut, cela n'en change point la valeur, car en ajoutant un zéro, on multiplie le nombre par 10. Mais quant à la quantité d'objets qu'il représente, comme c'est un chiffre décimal, on divise le même nombre par 10, en lui faisant exprimer des objets 10 fois plus petits, ce qui ne change rien en définitive au résultat exprimé.

Lorsque dans une soustraction l'un des termes a moins de décimales que l'autre, on ajoute des zéros au nombre qui en a le moins; cela n'est point indispensable, pourvu qu'on ne se méprenne pas sur la valeur des chiffres décimaux et leur place, mais cela fait éviter des méprises dans lesquelles on tomberait facilement.

N° 6. — A la multiplication, il n'y a point d'unités entières ; tous les chiffres expriment des fractions.

L'opération se fait sans avoir égard à tous les zéros qui précèdent les chiffres à gauche. Ainsi on multiplie dans cet exemple 28 par 9, puis on restitue au résultat sa véritable valeur en le faisant précéder d'autant de zéros qu'il en faut pour que les chiffres occupent le rang décimal qui leur convient; puisqu'il y avait dans cet exemple 3 décimales au multiplicande et 3 au multiplicateur, il en faut 6 au produit. Les trois chiffres 252 doivent donc être précédés de trois zéros décimaux et de celui qui tient la place des unités.

DE LA PREUVE DES OPÉRATIONS.

N° 7. — La soustraction placée sous ce numéro n'offre aucune difficulté sur laquelle on ne se soit déjà expliqué.

Elle est complétée par la preuve de l'opération.

Lorsque d'un nombre on en a retranché un autre, si l'on ajoute le nombre retranché à la différence obtenue, on doit retrouver le premier nombre.

C'est à l'aide de cette addition que l'on fait la preuve de l'opération ; c'est ainsi qu'il est possible de s'assurer qu'on n'a commis aucune erreur.

La multiplication n'offre aucune difficulté sur laquelle on ne se soit pas expliqué.

La preuve de la multiplication se fait par la division.

Puisque le produit est le résultat de la multiplication d'un terme par l'autre, si l'on divise le produit par un de ces termes quel qu'il soit, on doit trouver au quotient l'autre terme.

La division comprise sous ce numéro offre toutes les difficultés que présente la division des nombres décimaux.

Il s'agit de diviser trois mille trois cent quatre millionièmes par quatorze millièmes.

Soit   0,003304 | 0,014

1° On doit égaliser, par l'addition de zéros au diviseur, le nombre des chiffres décimaux dans les deux termes.

Soit   0,003304 | 0,014000

2° On doit supprimer tous les zéros qui précèdent les chiffres significatifs, c'est-à-dire diviser 3304 par 14000.

$$3304 \mid 14000$$

3° Le dividende étant moindre que le diviseur, on y ajoute un zéro et l'on porte au quotient l'indication qu'il ne contiendra que des fractions décimales.

$$33040 \mid \underline{14000}$$
$$0,$$

Le surplus de l'opération se fait en suivant la marche ordinaire et en ajoutant un zéro à chaque reste, puisque le quotient ne contient que des décimales.

La preuve de la division se fait par la multiplication. Si l'on multiplie le diviseur par le quotient, on doit trouver au produit le chiffre exact du dividende sans reste.

DES PROBLÈMES.

J'ai déjà eu occasion de dire comment les élèves procédaient à la solution des premiers problèmes ; ce travail est pour eux du plus grand intérêt, parce qu'il les intéresse vivement.

J'aurai peu de chose à dire pour compléter mes explications.

Le cahier du moniteur contient le détail des chiffres qui doivent être *posés* pour la solution du problème ; il devra, à l'aide de ces données, aider les élèves et les diriger, mais toujours en leur laissant chercher par eux-mêmes les moyens d'arriver à une solution ; il faut les guider, mais non leur éviter le travail.

Il importe seulement que les élèves restent fidèles aux formules suivies, cela les facilite beaucoup dans leurs études.

Ainsi, pour résoudre les problèmes de la multiplication, l'élève dit, par exemple :

Si tel objet coûte 20 fr., six objets pareils coûteront six fois plus, ou 20 multiplié par 6, égale 120 fr.

POUR LA DIVISION.

Si 20 objets coûtent 60 fr., un objet coûtera vingt fois moins, ou 60 divisé par 20, égale 3 fr.

Dans les problèmes comprenant une multiplication et une division, l'élève dit, par exemple :

Si 4 robes ont coûté 16 fr., une robe

coûtera quatre fois moins, ou 16 divisé par 4, égale 4 fr. Puisque une robe a coûté 4 fr., 6 robes coûteront six fois plus, ou 6 multiplié par 4, égale 24 fr.

Les 6 robes coûteront 24 fr.

Je termine ici mes explications ; elles sont suffisantes pour donner une idée complète de la méthode que je suis et dont une longue expérience a démontré les avantages. Je n'ai pas prétendu indiquer absolument tout ce qui devra être dit aux élèves ; c'est à l'intelligence des maîtres ou des personnes qui dirigent les élèves à développer ou à restreindre les explications selon l'âge et la capacité de ceux dont l'éducation leur est confiée.

J'ai cru faire une chose utile en publiant le résultat de mes observations dans une longue pratique de l'enseignement. Puisse mon travail être utile aux progrès des élèves et au soulagement des maîtres dans leurs pénibles travaux ; tel est le vœu le plus cher à mon cœur.

FIN.

Vve Coussan

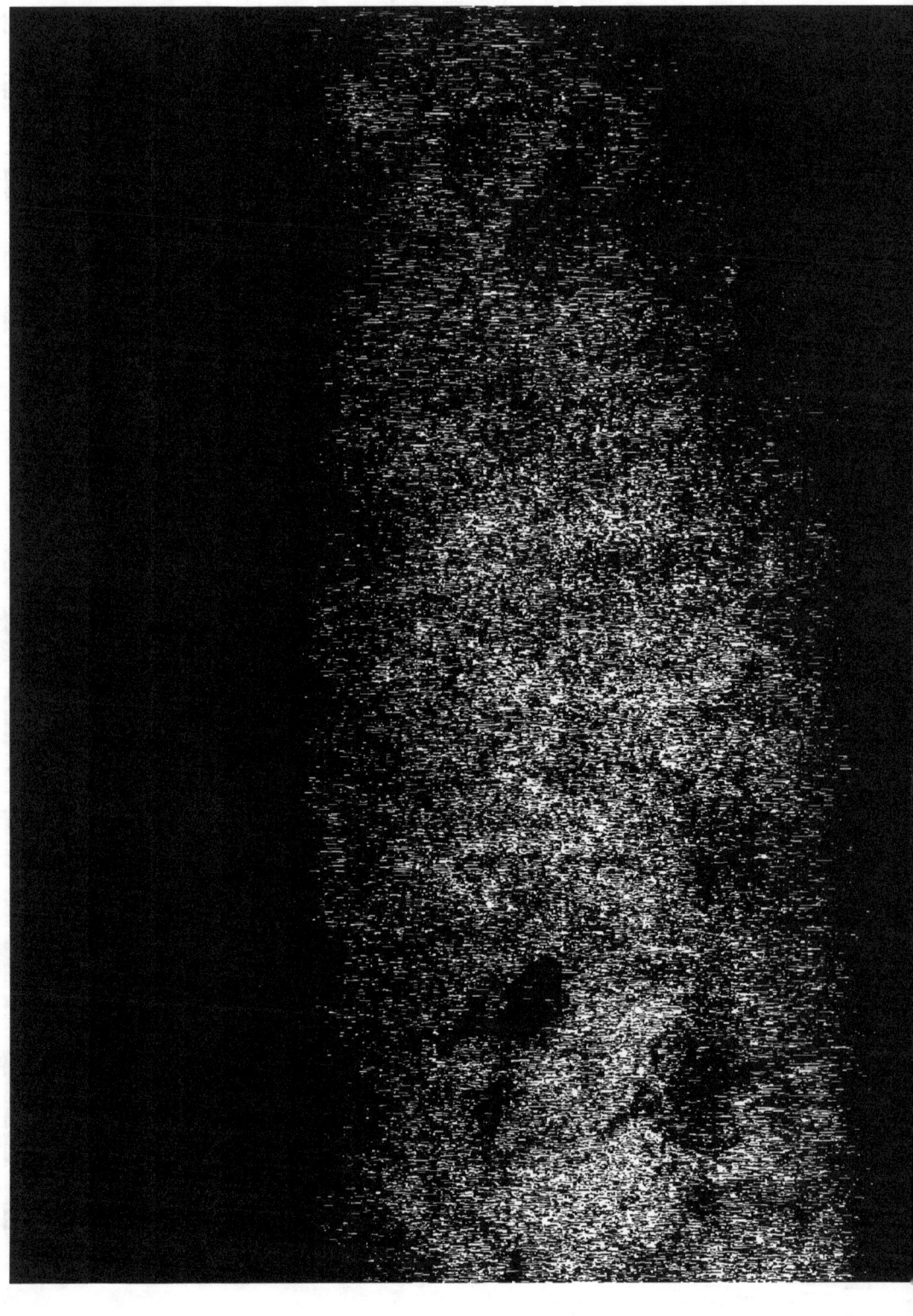